ÉLOGE DE TURGOT,

(ANNE-ROBERT-JACQUES)

*Baron de l'Aulne, Intendant de Limoges,
Contrôleur-Général,*

QUI A REMPORTÉ LE PRIX

*A la Société Royale d'Agriculture, des
Sciences et des Arts de Limoges,*

Dans la Séance du 16 Mai 1814.

Par M. Firmin TALANDIER, Avocat.

A LIMOGES,

De l'Imprimerie de MARTIAL ARDANT.

DÉCEMBRE 1814.

C'EST à vous que je dois le bienfait
du goût de l'étude, plus précieux peut-
être que celui de la vie ; c'est vous qui
m'avez appris à aimer et admirer TUR-
GOT. Recevez ce travail comme un té-
moignage de ma reconnaissance et de
ma piété filiale.

J'ai l'honneur d'être avec respect,

Votre Fils,

FIRMIN TALANDIER.

ÉLOGE DE TURGOT,

(ANNE-ROBERT-JACQUES)

Baron de l'Aulne, Intendant de Limoges, Contrôleur-Général.

..... Nimium vobis, ô Galla propago, visa potens superis, propria hæc si dona fuissent !

Lorsque dans les jours malheureux du dernier siècle, des principes de ruine, anciens et nouveaux, s'accumulaient sans cesse, et menaçaient d'anéantir les faibles restes de la prospérité publique, la providence qui regarde encore avec attendrissement les hommes, quand elle les châtie, donna naissance à Turgot. Elle se plût à le combler des qualités qu'exigeait cette époque funeste. Elle le doua de cet esprit vaste et profond, qui embrasse tous les maux et toutes les ressources, de cet amour ardent du bien public, accompagné de la vertu, dirigé par un rare savoir, et rendu plus efficace par une illustre origine. Il connut tous les maux qui affligeaient la France, il prévit les maux plus affreux qui la menaçaient encore, il enseigna les moyens de les détruire ou de les prévenir, de rendre ou de créer à l'état sa prospérité, de renouveler l'esprit public. Mais ces sages réformes nécessitaient des sacrifices. Toutes les passions luttèrent avec force contre ses intentions bienfaisantes ; le génie du mal l'emporta ; et la France malheureuse n'aperçut que l'aurore des beaux jours, dont il l'aurait embellie.

Turgot (Anne-Robert-Jacques) nâquit à Paris en 1727. Sa famille était une des plus anciennes de Normandie. Elle était Danoise d'origine. Ainsi de ces terribles Normands, l'effroi et la terreur de la France, devait un jour sortir un objet d'amour pour cette belle contrée. La noblesse de la vertu et du savoir se joignaient dans cette illustre maison à la noblesse du sang. Dès le dixième siècle, quand les ténèbres de la barbarie couvraient encore l'Europe guerrière et marécageuse, aimé de son Roi, chéri des braves Écossais, qu'il gouvernait, un des aïeux de Turgot répandait les lumières par ses écrits, encourageait au bien par ses exemples. Les plus belles qualités du Citoyen brillaient dans cette noble famille. Elle eût ses Décius, qui se dévouèrent au repos de la France ; elle éleva un lieu de soulagement à toutes les infortunes humaines ; comme aux temps des Anacharsis et des divin Platon, elle exerçait avec candeur les droits sacrés de l'hospitalité ; elle eût ses Molé, dont le regard sévère et indulgent appaisait la fureur du peuple ; mais elle confond ses plus beaux titres de gloire dans la personne du sage Ministre qui éclaira la France sur ses intérêts les plus chers.

Ses parens le destinaient à l'état ecclésiastique. La nature lui avait donnée une autre vocation. Mais les études sacrées entraient dans le plan des vastes connaissances qu'il se proposait d'acquérir, on le vit s'y livrer avec ardeur.

Dès son enfance il annonça les nobles qualités qui devaient le distinguer un jour. Des écoliers externes se trouvaient-ils dans l'impuissance d'acheter les livres destinés à leur éducation ? il partageait entr'eux l'argent destiné à ses plaisirs.

Quand il fut élu Prieur de Sorbonne, titre qui n'engageait à aucun vœu, il consacra son discours de réception à l'éloge de la religion chrétienne.

Quel tableau fidèle des biens qu'elle a répandu sur la terre ! elle enseigne aux heureux du siècle à respecter dans les plus misérables la dignité de l'homme ; elle leur apprend qu'ils sont tous égaux devant le trône de Dieu ; la guerre devient moins sanglante, la servitude cesse, l'étranger n'est plus un barbare, le malheureux n'est plus qu'un frère, le criminel ne s'autorise plus de l'exemple des Dieux, *et les génies célèbres qui avaient plus besoin que le peuple*, dit Turgot, *de ses saintes leçons, parce que leurs erreurs étaient plus rafinées*, abaissent devant elle leur fier entendement ; on la voit dans le palais des grands, on la retrouve sous l'humble toit de chaume. *Sans doute*, disait-il encore, *des incrédules vertueux, ont été souvent les Apôtres de la bienfaisance et de l'humanité, mais nous les voyons rarement dans les asiles du malheur. La raison parle, c'est la religion qui fait agir.*

Tandis que les bruits de la terre et les murmures du monde venaient expirer aux pieds des murs du seminaire silencieux, un homme se formait dans la solitude qui devait bientôt remplir la France de son nom. De jour en jour, le travail facilitait pour lui le travail, l'étude enflammait son ardeur pour l'étude, et dans un âge où les jeunes hommes n'ont sur les sciences que des notions superficielles,

Turgot avait déjà parcouru le vaste cercle des connaissances humaines.

Les belles-lettres qui adoucissent le cœur, qui épurent les goûts et les plaisirs : la poésie, don céleste , qu'il appelait *l'art de peindre par le moyen du langage* , venaient le délasser heureusement de ses profonds travaux. En considérant les plans nombreux des ouvrages qu'il se proposait d'achever, l'esprit s'étonne de l'étendue et de la variété de ses connaissances. Il faut surtout admirer ces vastes traités sur l'histoire et la géographie politique, sur la formation des langues et la grammaire générale , qui attendent encore la main de celui qui en jetta les bâses. Ils parviendront à la postérité , comme ces beaux monumens , qui , restés imparfaits , annoncent aux races futures les grandes idées de l'architecte , et rappellent la brièveté de l'existence , et la vanité de tous les projets de gloire.

Il débuta dans le monde par la charge de Maître des requêtes. Jurisprudence ecclésiastique et civile, commerce, finances, tout est du ressort de ses fonctions. Il s'adonne à chacune de ces parties , comme si elle était la seule qu'il voulut approfondir. Il s'enfonce dans le dédale des diverses législations. Une raison judicieuse, et le flambeau de l'histoire lui apprennent la force et l'esprit de chaque loi. Au milieu de ses pénibles travaux, son ame se réjouit en silence, en découvrant cette justice cachée, emblême de la divinité. Rempli de crainte d'émettre des décisions sur des objets, dont il n'aurait qu'une connaissance imparfaite, il étudie avec ardeur les sciences physiques, qui s'appliquent à l'agriculture, aux manufactures, au commerce, aux ateliers publics. Il discute les intérêts des peuples ; il se pénètre des grands principes qu'il doit développer un jour ; l'habitude de réfléchir fortifie son entendement ; il approfondit l'art des Euclide et des Archimède. Ami de Voltaire, il a contribué comme ce grand homme à faire admirer Newton à ses concitoyens ; mais les français trop inconstans dans leurs goûts, et trop exaltés dans leurs jugemens, sacrifient bientôt à leur nouvelle idole la gloire de Descartes. C'est votre concitoyen, leur dit-il, qui a créé Loke, Berklei, Condillac ; c'est lui qui a découvert la route que Newton est venu applanir ; c'est à lui que vous devez ces hommes illustres. Dans votre admiration exclusive, vous ressemblez à ces Romains qui abattaient la tête de la statue d'un Empereur décédé, pour la remplacer par celle de son successeur.

On ressentait encore les maux qu'avait cau-

sé le brillant et dangereux système de Law,
rejetté par l'Écosse et modifié par le régent ;
système, qui, en introduisant du papier pour
la somme de la valeur des terres , devait
donner à l'industrie de nouveaux alimens, et
amener des richesses jusqu'alors inconnues.
Quand des idées magnifiques , mais vision-
naires , remplissaient toutes les têtes , et que
les illusions de la jeunesse germaient dans
l'esprit même des vieillards , la sagesse de
l'âge mur présidait aux méditations de Turgot. Il disait : dans les états où l'agriculture
et le commerce sont florissans , où l'intérêt
de l'argent est bas , où la masse des capitaux
est grande , l'argent mis en réserve dans les
caisses, est peu considérable , et le commerce
roule sur les effets ; mais donner à ces effets
une quantité disproportionnée aux véritables
capitaux , et par là augmenter la cherté de
toutes choses , dans l'absence des richesses
réelles , c'est assurer tôt ou tard la ruine des
particuliers et le déshonneur de l'état.

On s'occupait alors avec une nouvelle fureur des vieilles questions théologiques, qui
avaient ébranlé le Royaume sous le règne du
plus grand des Louis : lorsque sous la ban-
nière de l'évêque d'Hyppone , de Thomas,
de Jansen , les ordres de l'oratoire, les élo-
quents solitaires de Port-Royal, ces hommes

d'une vertu, d'une austérité et d'une science si rares, combattaient pour la nécessité de la grace, contre les tyranniques Dominicains, contre les Jésuites, qui, soutenaient la cause du libre arbitre, cachant sous l'apparence du zèle religieux, le ressentiment des profondes blessures, que Pascal et la société de Port-Royal avaient fait à leur puissance et à leur gloire littéraire. L'esprit de parti divisait toutes les classes. Il ne manquait pour voir éclater de nouveau les affreuses guerres de religion, qu'un chef ambitieux, qui sut profiter de ces dispositions publiques. Voyant tous les français se livrer à des discussions haineuses, trop semblables à celles qui agitaient Constantinople, quand l'ennemi était à ses portes, Turgot fit paraître le conciliateur. Pourquoi, disait-il à ceux dont l'ambition n'était pas le mobile, pourquoi vous irriter au seul nom de Jansen, dont si peu d'autres vous connaissent l'énorme in-folio ? pourquoi vous enflammer pour des questions que vous ne comprenez pas et qui sont peut-être incompréhensibles ? Il suppliait l'Église de se ressouvenir des temps, où, dans la persécution, elle demandait la tolérance pour unique faveur ; il faisait considérer aux gouvernans que les seuls devoirs des sujets sont d'être fidèles et tranquilles ; que l'homme ne doit compte qu'à Dieu de sa conscience , et qu'en intervenant dans les querelles de religion on ne faisait que les exciter, en aigrissant les esprits. Il émettait alors le vœu que les registres de l'état civil fussent remis à des officiers publics.

Il avait long-temps médité sur l'histoire , dont il nous a laissé un résumé rapide et profond dans son discours sur les progrès successifs de l'esprit humain. Le passé lui dévoilant l'avenir , il avait été frappé des changemens qui devaient s'opérer dans le nouveau monde. C'est ainsi qu'il les prédisait : « *Les Colonies sont comme des fruits qui ne tiennent à l'arbre que jusqu'à leur maturité , devenues suffisantes à elles-mêmes, elles font ce que fit Carthage , ce que fera un jour l'Amérique.* » En considérant la marche des temps et les changemens progressifs qu'il apporte à toutes choses, il avait conçu la grande pensée de la perfectibilité.

Si l'on en croit les merveilles racontées de Praxitèle et de Zeuxis , elle a brillé aux regards de la Grèce dans les œuvres des arts , puisqu'ils sont *bornés* , dit Turgot, *à l'imitation de la belle nature* , et que les Grâces délièrent , dit-on , leur ceinture aux yeux de Praxitèle ; mais les sciences sont infinies comme la Divinité, dont elles émanent. Si nous portons les yeux vers ces temps reculés, où brille et s'élève la grande ombre d'Homère ; d'Homère qui fatigue l'admiration, et qui sortit peut-être tout formé des mains de la nature, nous sommes ravis d'étonnement ; mais Homère ne laisse-t-il rien à désirer ? Nous admirons Virgile, et Virgile mécontent de lui-même, ordonne à sa dernière heure de brûler son Énéide. L'éloquence de Démosthènes ressemble, dit Longin, à la foudre qui écrase, à la tempête qui ravage : celle de Cicéron à un vaste incendie, dont les forces croissent et s'augmentent sans cesse ; et décernant la palme à Démosthènes, celui qui sauva Rome par son éloquence, s'écrie que le véritable orateur est encore à naître. Si la vieille Asie, pleine de respect pour les premiers inventeurs des sciences et des arts, s'est arrêtée au milieu de sa course ; si l'esprit humain n'est jamais parvenu à la hauteur qu'il peut atteindre ; si le flambeau sacré des lettres s'est souvent éteint dans la nuit des siècles barbares, Turgot croyait qu'il fallait sans cesse encourager l'esprit de l'homme, ne l'arrêter jamais dans sa noble carrière, et poser sur ses traces des bornes, au-delà desquelles il ne put jamais reculer. C'est pourquoi il embrassa avec ardeur le projet des encyclopédistes, dont il enrichit le grand œuvre de plusieurs traités savans.

Mais quand les Philosophes persécutés devinrent à leur tour persécuteurs, lorsque l'ignorance et le mécontentement se rallièrent à leur secte, et qu'il vit l'esprit de parti obscurcir la vérité sainte, Turgot s'éloigna d'eux, et cessa de concourir à leurs travaux.

Un auteur judicieux (1), dit que Leibuitz, en voulant tout connaître, semblait avoir tout découvert, il ajoute : *Turgot, montrait la noble ambition d'un Leibuitz, et peut-être en aurait-il eu les succès, s'il n'eût aspiré à faire un bien plus direct à sa Patrie.* Ce fut ce généreux desir qui le fit préluder dans son Intendance, aux sages réformes, dont la France ne devait voir que l'aurore durant son ministère.

On le vit, dans son Intendance, s'entourer des hommes les plus distingués par leurs lumières et leurs vues sages. Avoir coopéré à ses nobles travaux est la preuve d'un mérite certain.

De quelle douleur il fut saisi, en voyant épars sur un sol aride, un peuple pauvre,

---

(1) M. Lacretelle le jeune, en son histoire du dix-huitième siècle.

dont les institutions civiles aggravaient encore la misère. Un désordre confus régnait dans la perception des tailles, impôt iniquement réparti, et dont le nom seul rappelait les siècles barbares. Durant l'Intendance de M. Aubert de Tourny, on avait arpenté les deux tiers de la province, mais sans faire des cartes. A côté des premiers ouvrages des géomètres étaient portées des estimations faites à la hâte, par un seul expert, et sans discussions préalables avec les propriétaires. Les erreurs des copistes dans les feuilles de relevé, les mutations nombreuses qu'avait occasionné le temps qui renouvelle bientôt la face de toutes choses, formaient un dédale où l'esprit se perdait ; c'était la taille tarifée.

Dans les tailles par abonnement, des déclarations anciennes et inexactes formaient la bâse de l'imposition. Tous les bestiaux étaient taxés par tête. On n'avait aucune ressource pour constater les variations. De là, tous les abus d'une répartition involontairement injuste. Le riche et le pauvre étaient exposés à un soulagement disproportionné, à une surcharge excessive. Mais l'homme puissant faisait écouter ses réclamations, et l'indigent frappait en vain l'air de ses cris.

La collecte était une charge de communauté. Elle devenait un fardeau ruineux dans les mains de l'homme ignorant , incapable de tenir des comptes en règle. Elle n'était pas moins accablante pour l'homme habile qui trouvait des persécutions dans la prudence , et du danger dans des avances forcées. Responsables du déficit , les plus imposés de la commune étaient sujets à se voir enlever des bras de leur famille, pour être jetés dans le séjour du crime. Ces abus révoltaient. Bientôt les collecteurs fûrent remplacés par les préposés au recouvrement des impositions , et l'injuste solidarité fut abolie.

Résolu de se livrer à un immense travail dans la formation des nouveaux rôles , il refusa l'intendance des plus riches Provinces. Comme ces rares amis, dont l'attachement se fortifie au sein de l'adversité, les malheurs de sa Province n'avaient fait que la lui rendre plus chère. On le vit alors consulter les commissaires des tailles , avec cette délicate bienveillance , qu'on doit à l'homme de mérite , même isolé. Tous ses vœux tendaient à l'établissement d'un impôt territorial , qui devait faire cesser d'injustes privilèges en faveur de personnes qui devaient d'autant moins les réclamer , qu'elles étaient plus intéressées à la conservation de l'ordre social ;

qui devait peser également sur toutes les classes, et élever sa belle unité sur les débris d'un système diffus d'impositions ruineuses.

Alors disparurent les corvées, usage né de la guerre, manière tyrannique d'employer de grands moyens à de misérables résultats, impôt odieux qui exténuait le pauvre à la décharge du riche. Des hommes salariés furent chargés du transport des convois militaires, et l'habitant des campagnes put, en tout temps, se livrer à ses travaux précieux.

Défiant, comme tous les infortunés, le peuple, en écoutant la lecture des instructions touchantes et remplies de douceur qu'il adressait aux curés, fut convaincu de l'utilité de ces sages réformes.

Pourvus d'une mission céleste, des hommes qui ne paraissent au milieu du peuple que pour lui apporter des paroles de consolation, qui savent essuyer toutes les larmes, qui adoptent les malheureux pour famille, qui conservent la tradition de l'antique hospitalité, les curés lui paraissaient de dignes auxiliaires de ses vertueux projets. C'était d'eux qu'il recevait les requêtes des opprimés, des laboureurs, qui éprouvaient des pertes ; c'était d'eux qu'il apprenait le bien à faire, qui échappait à ses vues bienfaisantes.

Cependant

Cependant un fléau terrible descendait sur sa Province. Des pluies froides, des gelées tardives, des orages, accompagnés d'une grêle affreuse, avaient en 1769 consommé la ruine générale. On eût dit que la providence ne l'avait envoyé aux hommes, comme un autre Joseph, que pour rémédier aux maux du peuple. O de quel bien est un magistrat éclairé et vertueux dans ces moments critiques! On le bénissait alors d'avoir répandu la culture des pommes de terre, que dans des temps plus heureux on regardait avec mépris. Mais ce secours était insuffisant. Le commerce était libre, et cependant le peuple ne pouvait plus atteindre à des prix excessifs. La terreur était portée à son comble. Il sut alors réprimer avec une fermeté étonnante, les fausses mesures des officiers de police, et les attroupemens tumultueux. *Un Magistrat*, disait-il, *ne doit pas craindre de faire le bien du peuple, en s'attirant sa haine.* Le Parlement de Bordeaux ordonne de porter les grains au marché : la vue d'une législation inquiète et turbulente, peut amener la famine ; il obtient un arrêt du conseil, qui casse celui du Parlement. Il exhorte, il encourage les négocians, il leur fait de ses propres fonds des avances considérables ; et les grains de la Pologne, portent la vie dans sa Province. Il n'a jamais rien demandé pour lui-même, il obtient des secours considérables de l'État. Des malheureux colons, à qui l'on refuse leur subsistance, fuient le sol natal, en maudisant une terre aride et des maîtres impitoyables, il ordonne que les propriétaires nourriront leurs cultivateurs. Les Seigneurs et les Ecclésiastiques osent, dans ces temps fâcheux, demander le paiement de leurs rentes et des arrérages : c'était demander quatre fois ce qui leur était dû : un arrêt du Parlement de Bordeaux réprime leur injuste prétention. Son amour du bien public s'étendait comme des flots d'une huile onctueuse. On le vit alors former ces ateliers de charité, dont l'organisation fut un modèle de savoir et de sagesse, où les travaux étaient divisés par familles, où les salaires étaient des subsistances.

Cependant le fléau se prolongeait ; l'année 1770 avait été sans récolte dans la montagne, toutes les classes souffraient. Le peuple avait vendu, pour subsister, jusqu'aux meubles de première nécessité. Les routes étaient surchargées d'ouvriers, et l'administrateur bienfaisant, s'abandonnant à la providence, accueillait tous les infortunés qui arrivaient en foule.

Alors, comme par enchantement, parurent au milieu de nos montagnes, ces belles routes, ornées de peupliers, dont il dirigea lui-même les travaux, et que le voyageur étonné admire ; alors tombèrent les vieux remparts de Limoges : des maladies périodiques s'échappèrent du sein de la ville, et des boulevards agréables succédèrent à des fossés bourbeux.

Dans le compte qu'il rendait chaque année de sa province, il avait souvent tracé d'une main ferme, le tableau de l'oppression et de la misère publique ; mais jamais il ne le fit avec autant d'énergie qu'en 1772.

L'amertume dans le cœur et la douleur peinte dans tous les traits, d'une main il présentait au contrôleur général l'argent arraché, plutôt qu'obtenu, du peuple en souffrance ; de l'autre il présentait les comptes les plus exacts, et depuis reconnus fidèles dans les cahiers de la noblesse. Voici, disait-il, la somme que vous demandez : elle a été formée de l'imposition annuelle et du paiement des arrérages ; mais ces derniers sont remplacés par de nouveaux. Comment cela ne serait-il pas ? dans les deux tiers de la généralité, et nous pourrions dire aussi dans la totalité, la part du Roi est de cinquante pour cent du produit total du revenu ; elle est de quatre-vingt-un pour cent du produit net. Sur cette terre avare, qui ne répond qu'à demi aux vœux du laboureur, on suppose des récoltes toujours égales ; et les récoltes sont inconstantes comme la température de nos montagnes. La bonté du peuple tourne à son préjudice. Depuis la peste de Marseille, on laisse peser une surcharge de cent mille écus sur les champs arides du Limousin. Si quelquefois on accorde un moins imposé, c'est un secours illusoire par sa modicité. Eh quoi ! quand un fléau désastreux a ravagé pendant trois ans une province toujours pauvre ; quand la somme immense des anciens arrérages, accrue pendant la guerre, s'est encore augmentée dans ces temps de disette ; quand l'achat des grains étrangers a enlevé quatre millions à la province, on n'accorderait que ce léger soulagement qu'on abandonne à l'importunité ? Cependant il n'obtint qu'une légère diminution, et dès-lors une sourde inquiétude, un vague désespoir fermentèrent, en silence, dans les esprits.

En créant les belles routes du Limousin, Turgot avait excité le commerce, appelé l'abondance dans cette contrée. Il lui restait un autre bien à faire dans l'Angoumois, c'était d'étendre la navigation de la Charente. M. Tresaguet en avait reconnu la possibilité. Il y fit travailler avec ardeur.

Dans la crainte de voir augmenter les frais de leur régie par de nouveaux bureaux, les fermiers généraux s'opposaient au desir des habitans de la Rochelle de pouvoir commercer avec les Colonies. Ces hommes qui appauvrissaient le Prince et le peuple, et dont les richesses corrompaient la nation, ne voyaient pas que la liberté du commerce, en faisant la prospérité publique, eût aussi fait la leur. Mais disait Turgot avec un noble dédain : un propriétaire éclairé doit-il sacrifier l'amélioration de sa terre à l'intérêt momentané de son fermier ?

A ces pensées, on croira reconnaître un partisan des économistes. Pourquoi la vérité a-t-elle donc des sectes aussi bien que l'erreur ?

Admirateur de Sully, qui, par un heureux système, répara les maux affreux des guerres civiles, M. Quesnay déclare que l'agriculture est la seule bâse de la prospérité des états, la classe des laboureurs la seule productrice. Il veut qu'un impôt territorial succède à toutes les impositions apparentes et cachées ; que la liberté du commerce, comme un beau soleil qui dissipe des vapeurs mal saines, chasse les gênes, les fraudes, les vexations, les monopoles de toute espèce ; il rappelle les beaux jours de l'agriculture, où les peuples qui l'honoraient envoyaient au loin des colonies nombreuses.

M. de Gournay avait vu prospérer l'Angleterre manufacturière. Ses travaux, comme négociant et comme Intendant, lui avaient acquis une longue expérience, et Turgot, en les louant, devait un jour faire chérir son caractère et ses principes. M. de Gournay pensait que le commerce et les manufactures sont une cause non moins puissante que l'agriculture, de la prospérité d'une nation. Mais il ne devait pas, comme Colbert, frapper de stérilité les campagnes, pour diminuer le prix de la main d'œuvre. Les manufactures florissantes devaient encourager l'agriculture, et rendre productrice la classe des hommes qu'elles emploient, en donnant une nouvelle valeur au produit des campagnes ; l'artisan devait jouir de ses bras, sa seule richesse ; et l'abondance devait introduire une plus heureuse division du travail, faire naître ou amener des ouvriers plus habiles.

Quand le bruit des discussions, élevées entre les disciples de ces hommes savans, troublait la France, et retentissait dans les contrées voisines, Turgot cherchait la vérité sans mélange d'erreur et sans esprit de secte. On peut même conclure du compte qu'il rendit alors des octrois, qu'il en aurait reconnu l'utilité, si plus de justice et de lumières eûssent présidé à ce mode d'imposition.

Il s'occupait dans la montagne des travaux du départemert ; autour de lui s'élevaient les bénédictions du peuple qu'il avait sauvé de la famine, quand il fut consulté par le contrôleur général Terray, sur les dangers et l'utilité de la liberté du commerce des grains.

S'il n'avait pas, en abolissant les corvées, donné lieu à des travaux salariés, si l'édit de 1764 n'avait pas autorisé la circulation des grains dans l'intérieur, à quelles calamités n'eût pas été en proie sa malheureuse province ? Tout ce qui l'entourait dictait sa réponse ; son cœur était plein ; il écrivit alors d'inspiration ces lettres sur le commerce des grains, qui seront à jamais un monument de la bonté de son cœur, de la sagesse de ses vues, des lumières de son esprit, de la fermeté de son caractère.

On s'imagine, disait-il, que d'avides étrangers vont accourir enlever tous les grains. Ils sont rares ces temps cruels, où le vuide affreux de la stérilité s'empare de toute une contrée. Sous la prévoyance d'un ministère actif et vigilant, la liberté n'est jamais dangereuse, elle est utile lors même que l'étranger n'accourt pas enlever le superflu. C'est elle qui établit l'égalité constante du prix des grains, qui l'élève s'il est trop bas, qui l'abaisse s'il est trop haut. Qui ne connaît les fluctuations du régime prohibitif? Une longue abondance règne-t-elle dans les champs? Ce bienfait du Ciel est perdu. Dans l'incertitude de voir naître une époque qui récompense l'homme industrueux de ses travaux et de ses avances, nul ne conserve, nul n'accumule; partout la prodigalité, partout la dissipation; le Ciel sourit envain à la terre; aucun ne songe à l'avenir, et la bonté de Dieu attriste le propriétaire insensé. Le plus à plaindre est l'ouvrier indigent. Le prix de ses salaires baisse avec le prix du bled. Si une plus grande demande de travail tend à le hausser, le bas prix des denrées tend plus puissamment à le faire descendre. Cependant, les jours funestes arrivent; la terre est stérile : le Ciel d'Airain ; l'homme est surpris dans sa folle prospérité, il est dans la détresse, quand ses voisins nagent dans l'abondance. L'ouvrier, dont les salaires ont toujours été médiocres, est encore celui qui souffre le plus. Envain la cherté des vivres tend à hausser le prix de son travail, il baisse, selon la diminution proportionnelle de la demande qui résulte de la disette.

Ainsi la campagne de Rome prit ce grand caractère de stérilité, qu'elle conserve de nos jours, quand la Sicile vint à nourrir les Romains.

C'est par un système opposé, c'est en donnant des encouragemens à l'exportation même, que l'Angleterre s'est avancée vers la prospérité ; et qu'elle a vu de jour en jour s'améliorer sa culture.

Mais une prévention funeste aveuglait les esprits. Le seul avenir devait profiter des leçons de Turgot. On admirait ses écrits, et l'on étendait le système de prohibition.

Il trouva un soulagement à sa douleur dans un nouveau bien qu'il fit à sa province. Redoutant le fatal billet noir, une partie des miliciens s'enfuyait dans les bois, l'autre volait en armes à la poursuite des fuyards, alors soldats de droit. La loi semblait contraire à elle-même ; elle défendait les enrôlemens volontaires entre miliciens, dans l'intérêt des recruteurs, elle permettait les remplacemens dans certains cas. Il adopta le sens le plus favorable. La joyeuse mise au chapeau fit évanouir l'horreur du billet noir, et la milice devint, dans sa province, une occasion de réjouissance.

Comme une fleur de la solitude, dont les zéphirs emportent les parfums, la renommée du bien qu'il faisait à sa province se répandait au loin. Les savans, l'élite de la société, dont il faisait les charmes, quittaient le séjour des arts pour venir le visiter dans son intendance. Autour de lui naissaient le goût des sciences, les lumières, l'urbanité.

Animée par son exemple, la société royale d'agriculture et des arts de Limoges, qui conserve son esprit dans son sein, répandait l'influence qu'elle en avait reçue. Les campagnes étaient mieux cultivées, le commerce de la vie devenait plus intime et plus doux. Ses couronnes inspiraient à ses jeunes concitoyens une généreuse émulation, présage de leurs succès. Alors parut Cabanis, dont le stile est aussi merveilleux que l'homme qu'il décrit ; alors se fermait dans le silence, sous la protection de Turgot, ce célèbre Vergniaud, qui devait, au milieu des déchiremens de son siècle, faire revivre tous les miracles racontés de l'éloquence antique.

En travaillant pour ses contemporains, il n'oubliait pas les intérêts de l'avenir. Alors il composa ce traité sur la formation et la distribution des richesses, où l'on retrouve la profondeur et l'énergie de Montesquieu, la clarté de Pascal, l'abondance et l'ame de Rousseau, où Smith a puisé le canevas et les principes de son ouvrage célèbre.

Dans sa discussion profonde sur les mines, il devance la sagesse du code civil, le desir et le fruit de l'expérience des siècles.

Le premier il signale à ses contemporains les brillantes erreurs d'Helvétius.

Il évoque la vérité pour la défense de Marmontel. Trente-cinq propositions extraites de Bélisaire, ont été censurées par la Sorbonne : il les réunit en prenant le sens opposé, et les nouvelles propositions font horreur.

Sur les pas de Maupertuis, il s'enfonce dans les profondeurs de la métaphysique ; mais il ne se laisse jamais égarer par ses subtils sophismes. Sous sa main féconde les sujets les plus abstraits deviennent clairs et attachans. Son stile paraît empreint des qualités de son ame, il est doux, il est large, il est onctueux ; il réveille légèrement, sans ébranler ni causer de fortes commotions. Il disait lui-même : « *Le stile de l'homme* « *barbare est plein de force, de passions, de* « *figures, il est comme un torrent rapide,*

« *il ressemble au vent fougueux qui gèle et*
« *brûle à la fois ; celui de l'homme qui a*
« *vécu dans un siècle d'extrême civilisation,*
« *a plus d'harmonie et de nombre ; il coule*
« *comme un fleuve abondant, il ressemble*
« *au zéphir agréable qui réjouit et échauffe* ».
Mais c'est en nous faisant connaître les
beautés mâles de la littérature anglaise, les
charmes bucoliques des poésies allemandes;
que son stile est empreint de ce caractère
prosodique, qu'il découvrait dans notre
langue. Comme une cire flexible, ce stile
harmonieux saisit toutes les formes : tantôt
il retrace l'aimable abandon, la noble sim-
plicité, la grâce, chez les anciens, toujours
compagne de la beauté; tantôt il revêt les
formes gigantesques de l'Homère du nord,
et nous transporte avec Ossian, au milieu
des combats, sous le ciel nébuleux de la
Calédonie.

Tant de lumières et de vertus méritaient
une récompense illustre. Turgot devint Contrôleur général. A cette annonce la joie et
la tristesse se répandirent dans toute la
province. Des curés annoncèrent qu'ils célè-
breraient en actions de grâces le service
divin. Au jour marqué on abandonne les
travaux, à genoux sur le pavé des vieilles
basyliques, au milieu des prières et des vapeurs de l'encens, on vit le peuple des
campagnes former des vœux unanimes pour
que la divinité daignat sourire aux projets
bienfaisans du nouveau ministre.

En présence de l'homme puissant, qui ne
sait comment les passions, la faiblesse, l'esprit d'imitation, donnent aux témoignages
publics une apparence d'admiration et d'a-

mour ? Mais l'âge vengeur accourt enlever le personnage et l'influence du pouvoir : la justice réforme l'opinion. L'oubli de l'homme s'élève, ou bien la haine ou l'amour le suivent dans la tombe. Aujourd'hui même que le temps commence à rendre moins distinct le souvenir de tous les biens que fit Turgot à sa province, le temps ne fait qu'ajouter à sa mémoire une nouvelle admiration, et son nom est légué par les pères aux fils, comme un héritage de reconnaissance et d'amour.

La charge de Contrôleur général était alors aussi dangereuse et pénible qu'elle était belle. De nombreux ministres avaient paru, se succédant avec une rapidité effrayante, et tous, par des systèmes d'oppression, par d'impuissans palliatifs, n'avaient fait qu'aggraver la situation fâcheuse des finances. Le beau royaume de France luttait alors de toutes les forces de la nature contre une foule innombrable de principes de ruine. C'était l'antique féodalité, moins oppressive pour les biens que pour la dignité de l'homme, dont le poids accablant étouffait les plus nombreuses classes, et qui tendait à sa fin, en affaissant le sol qui la portait ; c'était l'incohérence des lois et des coutumes, qui survivaient à l'anéantissement des peuples ; la multitude infinie des ordonnances criminelles, dont la rigueur amenait la barbarie ou l'impunité ; le dédale des impôts et des édits bursaux, qui flétrissaient le germe de l'abondance ; les privilèges odieux, qui rejettaient le fardeau sur les plus misérables, l'insatiable avidité des fermiers, qui partageaient avec des nobles puissants

les fruits de leurs pillages légalement or-
ganisés.

Il fallait alors une science vaste , une
tête forte , un grand caractère , et Dieu
avait fait ce présent à la France. Le meilleur
des monarques voulait aussi le bien. Quelle
scène attendrissante que celle où le père du
peuple , presse les mains de Turgot dans
les siennes , comme pour accepter son noble
dévouement : où ce grand homme conjure
le bon Roi Louis XVI de ne pas se laisser
ébranler par les clameurs qui vont s'élever ;
car il prévoit les oppositions qui vont naître,
il prévoit même ses malheurs , et il prédit
que dans sa chûte il n'aura rien à se reprocher (2).

On se souviendra long-temps de ces projets
si sages , point de banqueroute , point
d'augmentation d'impôts, point d'emprunts.
Cependant un vaste déficit règne dans les
finances. On s'étonne de voir ce sage ministse
creuser lui-même l'abyme , en acquittant
des dettes arriérées. C'est que l'on ignore
trop communément la noblesse de la vertu,
la force d'un état fidèle à ses engagemens.
Dans un vaste coup-d'œil, Turgot embrasse
toutes les ressources de la France , il voit
que deux ans lui suffisent pour combler
un effrayant précipice. Il n'emploie que des
moyens légitimes , il crée des régies au profit
de l'état , il diminue les bénéfices énormes
des fermiers , il repousse les bras puissans
qui fatiguent le trésor , il encourage le
commerce , il récompense l'importation des

----

(2) Voyez la lettre qu'il écrivit au Roi en entrant en
fonctions ; elle respire le plus vif amour du bien public
et le plus entier dévouement,

grains, il fait circuler l'abondance en détruitant les jurandes, les corvées, les péages, et ces impôts divers qu'ont usurpé les villes et les seigneurs. Un grand mouvement s'opère, la France va marcher vers la prospérité. Des Monarques puissans le félicitent. Gustave premier, l'Empereur Joseph, le grand Duc de Toscane applaudissent à sa haute sagesse. Mais la dureté et l'orgueil combattent autour de lui ses bienfaisantes réformes.

Pourquoi l'accuser de précipitation dans ses desseins, comme si le peuple n'eût pas été mûr encore pour de nouvelles lois, quand il voyait la France sur le bord de l'abyme, et qu'il se rappelait la prompte fin des membres de sa famille, en qui le génie et le travail usaient bientôt les ressorts de la vie ? Pourquoi le blâmer d'avoir cherché, dans les préambules de ses édits, à éclairer le peuple, lorsque de toutes parts on l'aveuglait sur ses intérêts les plus chers ? Pourquoi lui reprocher d'avoir voulu se livrer à des innovations, lorsque les causes du mal, qu'il voulait et qu'il ne put détruire, ont amené les temps affreux que nous avons passés ? Pourquoi, par la plus profonde des injustices, lui imputer une partie des maux que nous avons soufferts, lorsqu'après sa chûte ses œuvres furent détruites, qu'on rappelât les abus et les principes qu'il avait condamnés, et que ce changement devint la cause de nos malheurs, le mal ne souffrant plus de remèdes ?

La gloire et la faveur dont il jouissait lui suscitaient trop de jaloux ; ses utiles réformes devaient coûter trop de sacrifices à des hommes puissans, pour qu'il pût recueillir le fruit de ses travaux. Alors furent ourdies ces trames odieuses que conduisait un vieux courtisan, dont l'ame naturellement froide s'était desséchée sous trois règnes, et qui repoussait des changemens, dont il eut fallu partager les sacrifices, sans partager la gloire.

Ténébreux mystères d'iniquité, dans un temps de disette, des brigands soudoyés pillent les grains, pour affamer Paris, et discréditer le sage Ministre. Lettres anonymes, insinuations perfides, venin jeté avec art, tout est employé contre l'homme de bien, tout embarrasse le malheureux Monarque. Il cède sans être convaincu, il abandonne l'appui de son trône, et dit en soupirant, «qu'il voit bien qu'il n'y a que lui et Turgot qui aiment le peuple (1)».

Au milieu de la tempête, le maintien du sage Ministre est toujours imposant et auguste. Absorbé par les grands intérêts qui l'occupent encore, il paraît insensible aux chagrins qui l'assaillent en foule. Mais il tombe. Les cris de joie de la corruption retentissent dans Versailles, et le grand homme lit à regret sa vengeance dans l'avenir.

FIN.

---

(1) Voy. sa lettre de démission au Roi, où il dit : « Tout mon désir, Sire, est que vous puissiez croire que j'avais mal vu, et que je vous montrais des dangers chimériques. Je souhaite que le temps ne me justifie pas, et que votre règne soit aussi heureux, aussi tranquille, et pour vous et pour vos peuples, qu'ils se le sont promis, d'après vos principes de justice et de bienfaisance. «